# 札沼線の記憶

矢野 友宏・林下 郁夫・安田 威・番匠 克久

Photo：札的 - 浦臼　Katsu

北海道新聞社

## はじめに

駅にこだまする子供たちの声。
車掌さんが吹く戸締め合図の笛の音。
小枝のどこかから聞こえるカッコウの鳴き声。
田んぼに響くディーゼルカーのタイフォン。

時代が移り変わり、
求められるのはスピードと便利さになり
「旅情」という言葉とともに
消えかけている一条の線路。

忘れものはありませんか？
旅の癒しはいりませんか？
のんびりした空気はいかがですか？
ボーっとする時間はいかがですか？

札沼線の旅をもう少し残しておいてもらえますか？
いつの日か、これを懐かしいと思ってもらえるように。

2020年4月　　矢野 友宏

## 序言

車站內迴盪著孩子們的聲響。
列車長吹響著警示車門關閉的鳴笛聲。
不知從哪個枝頭上傳來了布穀鳥的鳴響。
傳遍了整片田地的柴油火車氣鳴聲。

隨著時代的物換星移，
人們追求的是速度與便利，
它連同「旅情」一詞，
成了一段就要消失的鐵道。

您是否遺忘了些什麼？
是否需要一趟療癒的旅行？
要不要來這裡享受悠閒的氣氛呢？
想不想到此處度過舒壓的時光呢？

何妨為自己多留一點有關札沼線之旅的記憶？
相信在某日您會懷念起這裡的點滴。

2020年4月　　矢野 友宏

電柱のない線路は、何かを語りかけています。
田んぼの真ん中で、ひっそりと生きています。

ここに列車が走るのは、1日たったの1往復。
朝9時半前の下り1本と朝10時過ぎの上り1本。

「存在感が薄い」と言われるかもしれないけど、
日本地図では今までしっかり主張してきました。

カタン、コトン。カタン、コトン。
まもなく、本当の最終列車がまいります。

中小屋小中
合同大運動会
激突紅白
勝利をねらえ！

白 25
白 27

一般席

## 中小屋小学校の運動会とキハ53

クリーム色と赤のツートンに塗られた急行型気動車キハ53-500番代車。

かつては13両編成で長距離急行列車として活躍しました。その後、ローカル線用に両端の頭を「ニコイチ」でくっ付けて1両編成となった車両です。この気動車が、しばらくトコトコ札沼線で生きながらえていました。

沿線にあった当別町立中小屋小学校。

「年に一度の運動会と札沼線のキハ53を一緒に撮ってやろう」

乾いたピストルの音。歓声と砂ぼこり。割れた音楽にせかされながら。もともと本数が少ないので、列車の通過時刻と競技の進行は神頼みでした。

正直、僕は運動会にいい思い出はありませんでした。暑いし、疲れるし、騒がしいし、弁当は砂まみれ。おまけに、競技でも散々な引き立て役です。

とにもかくにも運動会は始まりました。こんなに運動会に真剣に楽しく向き合ったのはこの時ぐらいです。

中小屋小学校は、見事な雰囲気の木造校舎でした。別の機会に改めて撮影してみたいと思っていましたが、1996年（平成8年）に火災により焼失してしまいました。その後建て替えられ、2006年（平成18年）に廃校となりました。

ゆっくりとした時の流れにも、確実に変わりゆくものを感じています。

文：林下 郁夫

森の中の小さな豊ヶ岡駅にも、すっかり夜の帳が下りました。
風の音が静かに森を揺さぶるだけの空間に、
澄み渡った北の空に瞬く北極星と、ぐるりと巡る夏の星々。
列車が走ることのないこんな時間でも、
木造の待合室のほのかな白熱灯が気持ちを温めてくれます。
自然の営みと人の営みが交わるこの踏切は、まさに私の「汽憶」。
いつまでも私の心に留めておきたいと思います。

文：番匠 克久

一日1本の列車がやってくると、元気いっぱいの子供たちが旅人たちを歓迎します。

今日は一生懸命練習した太鼓のお披露目の日です。

歌に、踊りに、太鼓に力いっぱい精いっぱい。小さな駅に子供たちの声が響きます。

春の陽気でいっせいに咲きそろった花の中をみんなに見送られ、朝9時台の日本一早い最終列車が遠ざかっていきます。

# 札沼線の旅
さっしょうせん

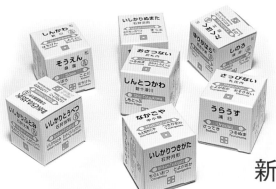

石狩沼田 いしかりぬまた

五ヶ山 ごかやま（廃止）
北竜 ほくりゅう（廃止）
碧水 へきすい（廃止）
中ノ岱 なかのたい（廃止）
和 やわら（廃止）
渭ノ津 いのつ（廃止）
石狩追分 いしかりおいわけ（廃止）
中雨竜 なかうりゅう（廃止）
雨竜 うりゅう（廃止）
南雨竜 みなみうりゅう（廃止）
北上徳富 きたかみとっぷ（廃止）
上徳富 かみとっぷ（廃止）
石狩橋本 いしかりはしもと（廃止）

新十津川 しんとつかわ

中徳富 なかとっぷ（廃止）
下徳富 しもとっぷ
南下徳富 みなみしもとっぷ
於札内 おさつない
鶴沼 つるぬま

浦臼 うらうす

札的 さってき
晩生内 おそきない
札比内 さっぴない
豊ケ岡 とよがおか

石狩月形 いしかりつきがた

知来乙 ちらいおつ
月ケ岡 つきがおか
中小屋 なかごや
本中小屋 もとなかごや
石狩金沢 いしかりかなざわ
北海道医療大学 ほっかいどういりょうだいがく

石狩当別 いしかりとうべつ

石狩太美 いしかりふとみ
あいの里公園 あいのさとこうえん
あいの里教育大 あいのさときょういくだい
拓北 たくほく
篠路 しのろ
百合が原 ゆりがはら
太平 たいへい
新琴似 しんことに
新川 しんかわ
八軒 はちけん
桑園 そうえん

札幌 さっぽろ

いしかりのくに
石狩 国 札幌ヨリ当別ヲ経テ沼田ニ至ル鉄道
（鉄道敷設法別表第136号）

Photo：新十津川　Take

　駅は僕たちの遊び場でした。当時札沼線沿線（雨竜町石狩追分駅）に住んでいたので、倉庫の前で友達と毎日のようにキャッチボールをしていました。蒸気機関車が貨車を引っ張ってきて、連結したり、解放したり。夏には普段見られないような長い編成の列車が来て、駅まで見に行くのが楽しみでした。

　駅舎に貼ってある時刻表を見て、こども心に「いつかはここから汽車に乗って東京に行ってみたい」と夢をみていました。

　それから数年後札沼線も1／3が廃止され、6往復もあった列車も、今や1往復。そして廃線へ。

　時代の流れはどうしようもありませんが、目を閉じるとあの頃の情景が浮かんできます。

文：三浦 光喜

石狩当別◀▶札　幌
ISHIKARITŌBETSU　　SAPPORO

キハ40 302

制

桑　園 そうえん

Photo：桑園　Iku

都会から始まる小さな旅

札幌 さっぽろ

Photo：札幌　Iku

Photo：札幌　Iku

Photo：新川 - 新琴似　Tomo

八軒以上ありますか

# 八軒 はちけん

Photo：桑園 - 八軒　Iku

新川駅を出ると、すぐに急勾配になる理由。
かつて、札沼線を跨ぐように建設された札幌新道。
その後、その上に札樽自動車道という高速道路が完成。
さらに、札沼線(学園都市線)連続立体交差事業。
まるで、「重ね手たたきゲーム」のような工事の結末。

新川 しんかわ

Photo：新川 - 新琴似　Tomo

JR 新琴似駅 Shin-kotoni Station

新琴似 しんことに

Photo：新琴似　Iku

駅を出てイヤホンを外すと、遠くからお祭りの賑わいが聞こえました。

篠 路 しのろ

Photo：篠路　Iku

この線路で北に向かって旅を続けていくと、少しずつ令和と昭和が混じってきます。

拓 北 たくほく

Photo：拓北　Tomo

夏の終わり、秋のはじめ。
風は後ろ髪とコスモスの花を揺らしました。

Photo：篠路　Tomo

百合が原 ゆりがはら

Photo：太平 - 百合が原　Tomo

太平 たいへい

ある日、ここに駅がつくられて大学が移転してきました。マンションがどんどん建ち、まさにリアル・シムシティ。

いつしか「札沼線」ではなく、「学園都市線」と呼ばれるようになりました。「釜谷臼」駅は「あいの里公園」駅に名前を変え、お客さんの服装も変わりました。

でも、大きな石狩川を渡ると、昔から変わらない風景が、どんどん車窓に映されていきます。実は札沼線は、札幌から日帰りで気軽に乗れるタイムマシンだったのです。

それでは、この先へと進んでまいりましょう。

# あいの里公園 あいのさとこうえん

「乗降完了、よし」
「出発 進行」

**あいの里教育大** あいのさときょういくだい

Photo：あいの里教育大　Katsu

そして、列車は、橋を渡る。

Photo：あいの里公園 - 石狩太美　Tomo

## 札沼線旧石狩川橋梁に寄せて

　石狩川橋梁の工事は、国内屈指の大河である石狩川の河口から約14キロ地点に鉄橋を架設するというもので、札沼線建設の最大の難工事となりました。測量・調査を開始したのは、1923年（大正12年）。全長1074.4メートルもの鉄橋は、北海道で最長です。ようやく完成したのは1934年（昭和9年）で、実に12年の時を経ていました。

　その後、67年間にわたって鉄道輸送の使命を担ってきましたが、2001年（平成13年）10月19日、国が行う河川改修事業に伴って約40メートル上流側に架設された新橋にその役目を譲ることになりました。新しい橋は、1997年（平成9年）に工事に着手し、旧橋の3分の1の工期である約4年で完成しました。

　旧橋と新橋の大きな違いは、橋脚の数。新しい橋は8基であるのに対し、旧橋は41基もありました。その後、旧橋を撤去した工事関係者によると、「旧橋の橋脚コンクリートは、堅牢で固く、なかなか壊れなかった」とのこと。厳しい自然環境のなか、この地に鉄道を通すことを夢見て、旧橋の架設に励んだ先人の方々の執念が感じられます。

Photo：あいの里公園 - 石狩太美　Tomo

Photo：あいの里公園 - 石狩太美　Tomo

Photo：あいの里公園 - 石狩太美　Tomo

Photo：あいの里公園 - 石狩太美　Tomo

この踏切は、30分のうちに2回鳴ります。
あまり、ボーっとしている閑はありません。
意外と忙しいんです。

# 石狩太美 <small>いしかりふとみ</small>

Photo：石狩太美　Tomo

Photo：石狩当別　Tomo

田園風景を走る近代的な電車。
これが、学園都市線。

この先、か細くなります。

402

石狩当別 いしかりとうべつ

Photo：石狩当別 - 北海道医療大学　Iku

北海道医療大学

「大学前」駅あらため、

# 北海道医療大学 ほっかいどういりょうだいがく

Photo：石狩当別 - 北海道医療大学　Tomo

Photo：北海道医療大学 - 石狩金沢　Tomo

ばいばい

暑い夏のプールへ

Photo：石狩金沢　Iku

石狩金沢 いしかりかなざわ

Photo：石狩金沢　Tomo

夜明け前、まだ薄暗い山道を一人寂しく車を走らせました。
山頂は、やはり濃い霧で覆われていて、
あきらめ半分で、仮眠をとることに…。
暖かな日差しを感じて目覚めると、奇跡のようなひと筋の朝の光が
雲の隙間から差し込んでいました。
生き返ったような森の輝き!
秋色の絨毯に一番列車が吸い込まれてゆくと同時に、
太陽は雲の中に消えてゆきました。
神様ありがとう。

文：安田 威

Photo：中小屋　Iku

開拓時代の面影と・・・

Photo：石狩金沢 - 本中小屋　Tomo

中小屋スキー場が営業休止になったのは、2003年のことでした。

本中小屋 もとなかごや

Photo：本中小屋　Iku

そっと開く、メッセージ

Photo：札沼線車内　Iku

Photo：本中小屋 - 中小屋　Tomo

Photo：本中小屋 - 中小屋　Tomo

無風だ。

Photo：本中小屋 - 中小屋　Tomo

Photo：本中小屋 - 中小屋　Tomo

Photo：本中小屋 - 中小屋　Tomo

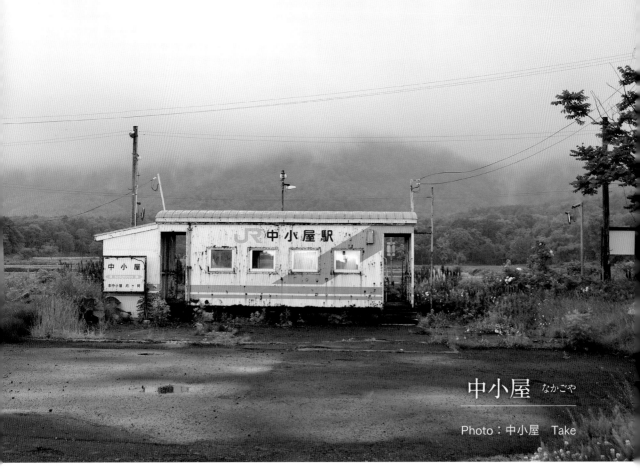

中小屋 なかごや

Photo：中小屋　Take

Photo：中小屋　Tomo

Photo：中小屋　Iku

Photo：中小屋　Iku

Photo：中小屋　Tomo

Photo：中小屋
Tomo

駅舎に残る車両銘板

Photo：中小屋　Tomo

Photo：中小屋　Tomo

月ヶ岡 つきがおか

Photo：月ヶ岡　Tomo

お弁当箱は忘れずに持って帰ってきてね。

知来乙 ちらいおつ

二重窓の外に流れる雪景色は、いかにも寒そうだ。
足下の暖房は少し暑いくらいなのに。

Photo：石狩月形　Iku

Photo：石狩月形　Iku

hoto：知来乙 - 石狩月形　Iku

Photo：石狩月形　Iku

Photo：石狩月形　Iku

Photo：石狩月形　Iku

## 石狩月形 いしかりつきがた

Photo：石狩月形　Iku

Photo：石狩月形　Iku

Photo：石狩月形　Iku

石狩当別 方面
札　幌

浦　臼
新十津川 方面

指差称呼確認

いしかりつきがた

Photo：石狩月形　Take

Photo：石狩月形　Iku

行き交う列車も、
行き交う人も、
行き交う時も
また旅人である。

Photo：石狩月形　Iku

53

架線注意

安全第一

Photo：石狩月形　Iku

Photo：石狩月形　Iku

石狩当別 ◀▶ 浦 臼
ISHIKARITŌBETSU　URAUSU

キハ53 501

Photo：浦臼　Iku　55

いつものような夏。いつもと違うレールの響き。
DMV（デュアル・モード・ビークル）の試験走行。
ジャガイモの花は静かに見ていた。

Photo：豊ヶ岡 - 札比内　Iku

Photo：石狩月形　Iku

Photo：石狩月形 - 豊ヶ岡　Iku　57

Photo：豊ヶ岡　Iku

Photo：豊ヶ岡　Iku

犬は、見ていた。
列車ではなく、私を。

豊ヶ岡 とよがおか

Photo：豊ヶ岡　Iku

Photo：豊ヶ岡　Iku

豊ヶ岡駅

　ひっそり佇んだこの駅。「豊ヶ岡」の地名は豊作を願って名付けられた。駅の近くにコンクリートの擁壁があります。これは、かつて月形炭鉱が操業していた頃の石炭積み出し施設の一部です。山奥の月形炭鉱で採炭された石炭は、はるばる索道でここまで運ばれて、札沼線で輸送されていたこともありました。その名残を探すのは難しくなりましたが、「豊ヶ岡踏切」から800メートル南側には「炭坑踏切」という名前も残されています。

Photo：豊ヶ岡　Iku

Photo：石狩月形 - 豊ヶ岡　Tomo

## 札比内駅から、幼き日の思い出

　実家の農地のど真ん中に札沼線の線路が走っています。幼い頃、畑仕事の親と一緒に、汽車が通るたびに手を振っていました。踏切も何もないところに汽車が来るのは、私にとっては当たり前の風景でした。普段から線路の近くでは遊ばないことや、遠くの遮断機の音が聞こえたら、線路を渡らないことなどは、自然に身につけていました。

　今でも忘れられないのは、幼稚園時代の思い出です。町で唯一の幼稚園に通うため、私を含めた付近の集落の子供たちは2駅向こうの石狩月形駅まで汽車通園をしていました。ほかにも途中の豊ヶ岡駅で乗り降りする同級生も数人いました。

　ある日の帰りのこと。そこで降りるべき子たち数人が、おしゃべりに夢中になって、豊ヶ岡駅を乗り越してしまいました。その時の幼稚園児の行動力たるや、すごいものです。すぐに運転席のドアを叩いて、降りそびれてしまったことを全力で乗務員に訴えたのです。当時は大らかな時代で、なんと汽車が豊ヶ岡駅にバックで引き返してくれたのです。このエピソードは、地元で同窓会をすれば必ずといっていいほど、懐かしく語られる思い出となっています。

　昨年東京からUターンしてきた私は、家の敷地内を走る汽車という日常風景が、廃線でなくなってしまうことに現実味を感じられていません。当たり前に走っていた汽車がとっても愛おしく感じられています。残すところわずかになりましたが、できるだけたくさん汽車に手を振ろうと思います。

文：加藤（門脇）由紀

40年も昔に札幌に進学し、都会の生活にも
慣れたはずなのに、やっぱり何となく
実家の札比内が懐かしくなり、
そのたびに札沼線の列車に乗ったものでした。
石狩川の鉄橋を渡ると風景が一変し、
田畑が広がり、山の緑が目にやさしく、
心も落ち着いたような気がしました。

都会の生活と故郷の生活を結ぶ鉄道、
今思えば、それが札沼線でした。
春から夏、車窓から見える山々の緑が刻々と変化すること、
冬、雪景色に点々と続く動物の足跡を見つけることが、
列車で帰る私の楽しみでしたが、
それも叶わなくなることは、心から悲しいです。

文：西野 智佳子

Photo：豊ヶ岡 - 札比内　Tomo

Photo：豊ヶ岡 - 札比内　Katsu

札比内 さっぴない

Photo：札比内　Take

Photo：札比内　Tomo

Photo：札比内　Tomo

向かいの「渋谷薬店」で
JR大人道普通乗車券170円
札比内ー豊ケ岡
発売中

JR大人道普通乗車券170円
札比内ー豊ケ岡
発売中

改札はしませんから時間になりましたらご自由にホームをおいで下さい

Photo：札比内　Tomo

Photo：札比内　Tomo

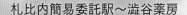

## 札比内簡易委託駅～澁谷薬房

　私どもが札比内委託駅をお引き受けしたのは、かれこれ35年前の1985年（昭和60年）4月のことでした。

　今でこそ降雪量も少なくなりましたが、当時のホーム除雪は樺戸山から吹き付けた雪だまりが駅舎の屋根まで繋がるほどで、もはや絶景と笑うしかない豪雪ぶりでした。

　その頃、ほどなくして営んだ新聞店の仕事と相まって、朝6時の一番列車までは、目が回るほどの忙しさでした。

　しかし、そのような激務をこなせたのは、札比内の豊かな自然の美しさ、そして何より地域の皆さんのねぎらいの言葉が身に沁み、力になったのだと思います。

　今でも、ひ孫のような若者が挨拶をくれ、「頑張ってください」と声を掛けてくれることがあります。

　私どもは、もともと薬店開業のために脱サラで札幌から60年前に札比内に入植したのですが、今では札比内が故郷そのものです。90歳になる今まで地域と繋いでいただいた「札沼線」には感謝ばかりです。

文：澁谷 隆

おそきない

あなたはこの駅名を読めましたか？

本場の味
サッポロビール

Photo：晩生内　Take

晩生内 <sub>おそきない</sub>

Photo：晩生内　Tomo

Photo：札的　Iku

ツクシとよつばのクローバー探し

Photo：晩生内 - 札的　Tomo

Photo：晩生内 - 札的　Tomo

札的 <small>さってき</small>

遠くの山の残雪が減ってゆく頃、
里ではサクランボとチューリップと
スイセンの花が見頃を迎えます。

Photo：浦臼　Tomo

Photo：浦臼　Iku

浦臼 うらうす

Photo：浦臼　Iku

Photo：浦臼　Iku

汽車通学の思い出

Photo：浦臼　Iku

Photo：浦臼　Iku

参拝のレッドカーペット

Photo：浦臼 - 鶴沼　Take

浦臼神社道路踏切

とり串、たれで8本お願いします。

炭焼き やきとり
T.67-3378

炭焼き

鶴沼 <small>つるぬま</small>

Photo：鶴沼　Tomo

Photo：浦臼 - 鶴沼　Tomo

於札内 おさつない

Photo：於札内　Tomo

南下徳富 みなみしもとっぷ

Photo：南下徳富　Take

雪はサラサラで軽いんですが、とても風が冷たいんです。

線路を巡回する人。
畑を耕す人。

Photo：南下徳富 - 下徳富　Take

そして、実りの秋。

Photo：下徳富 - 新十津川　Tomo

現役の「ハエタタキ電柱」も少なくなりました。

白鳥とマガンの群れが今年も渡って行きました。
1日1本の列車が、今日も走って行きました。

下徳富駅横の農業倉庫。
昔は収穫物をここにいっぱい詰め込んで、
貨物列車に載せたものです。
いつしか時代は変わっていました。

今年も刈り取り作業は終わっています。
雨も冷たくなりました。
お昼には時々晴れるでしょうという予報通りでした。
そして、そこには虹が掛かりました。

下徳富 しもとっぷ

Photo：鶴沼 - 於札内　Iku

屋根より高い鯉のぼり。
白樺、青空、南風。

## 学園都市線? それとも札沼線?

正式名称は札沼線(さっしょうせん)。
札幌駅から留萌本線の石狩沼田駅まで結んでいたものが、
新十津川駅より先が廃線となり、後に通称名を学園都市線としたわけです。
札幌寄りに北海道教育大学や北海道医療大学などがあることからだと思います。
ネットを見ていてもこの二つの呼び名が混在していますが、
「ローカル線」とか「行き止まり駅」とか、
その情感やノスタルジーを楽しむ旅人には、やっぱり札沼線ですよね。
ここ新十津川でも年配者は「札沼線」と呼ぶ人が多く、
若い人たちは「学園都市線」と呼んでいます。
だって、車両にも学園都市線と書いてあるし、
「少しは都会的な香りがあった方が」って、
そんなあこがれってあるでしょう?

だけど、そうは言っても、石狩月形駅から新十津川駅へ向かう車窓を見ると、
「こんな所が学園都市なんておこがましい」と思うかもしれません。
実際その通りで、途中の駅にはどこにも「学園」とか「都市」とかいった
近代的なイメージとは全くなく、本当に全くかけ離れた存在です。
確かに、新十津川駅を降りた西側は「学園地区」と言われたり、
吉野地区に向かう途中に「学園」と呼んだりする地名もあって、
「学園小学校」もありました。
今では統合して廃校になっているけど、本当です。
「都市」とはちょっと縁遠い、のんびりした「田園」ですが、
そういう雰囲気を「都市」の人に感じてもらえるといいですね。

ブログ「明日香のLovely駅日記」より

開駅、1934年。

新十津川駅

奈良県十津川村の方から来ました。

Photo：新十津川　Take

「行ってらっしゃい」
「また来てね」

Photo：新十津川　Take

Photo：新十津川　Take

Photo：新十津川　Tomo

Photo：新十津川　Tomo

秋桜が揺れる小さな駅には、
多くの旅人の足跡が残っていた。

Photo：新十津川　Take

Photo：新十津川　Iku

かわいい駅にかわいい駅長さんのいる新十津川駅

このフレーズ、ステキでしょう?

空知中央病院内の保育所「のびのび」の子供たちが、
朝の列車を新十津川駅で出迎えるのが、風物詩となっています。

「おはようございます!」

ある旅人が、駅に降り立ったときに耳にした子供たちのかわいい声。
まったく予期せず、歓迎の声で迎えられ、
保育所の先生といっしょに作ったポストカードを手渡されました。

そのサプライズに、感激と感謝の涙とともに、ふと浮かんだ言葉が
「かわいい駅にかわいい駅長さんのいる新十津川駅」なのだそうです。

ホント、私もこの言葉がまさにピッタリって思います。

子供たちは、その旅人がどこの誰だかわからなかったでしょうが、
後に新十津川町長さんあてに「67年、人生最大のおもてなしを受けました」
と感謝の手紙が送られてきて、それが病院に送られてきました。

なかには、わざわざお菓子を届けてくれる人もいます。

子供たちには、何か特別の事をしているという意識はありません。

「普段の生活の延長」
「人に笑顔で接すると笑顔が、やさしく接するとやさしく返ってくる」

たとえこの駅がなくなっても、
この小さな駅とかわいい駅長さんが結ぶ気持ちが、
ずっと先まで続いていきますように。

そんな新十津川駅を忘れないでいてください。

文:医療法人社団つつじ会　空知中央病院　院長 黒田 義彦

新十津川 しんとつかわ

たとえ1日1本しか列車はなくても、
線路を守る努力があります。

たとえ1日1本しか列車はなくても、
駅舎には灯りがともっています。

たとえ1日1本しか列車はなくても、
地図には線路が描かれています。

たとえ1日1本しか列車はなくても、
駅を守ろうとする人の思いがあります。

1972年からは、ここが終点。
この先の痕跡は、多くはない。

Photo：新十津川　Tomo

Photo：札沼線車内　Iku

Photo：札沼線車内　Iku

徳富川に架けられていた橋梁は、そのまま水道橋として使われています。

Photo：新十津川 - 石狩橋本　Tomo

Photo：新十津川 - 石狩橋本　Tomo

畑に還ってゆく線路跡。

Photo：北竜 - 五ヶ山　Tomo

Photo：雨竜　Tomo

へきすい
碧水
HEKISUI
なかのたい　ほくりゅう
NAKANOTAI　HOKURYU

Photo：碧水

Photo：南雨竜

　札沼線は、石狩川右岸鉄道として1926年（大正15年）に測量開始、1927年（昭和2年）に着工しました。桑園口は5工区に分けて札沼南線、沼田口区を4工区に分けて札沼北線として1931年（昭和6年）から順次部分開業。1935年（昭和10年）に全通しました。当時の新聞には「函館本線と相対し物資輸送上重大使命を持つ・・・」とあり、盛大な祝賀会が行われ、お祝いされた様子が記されています。

　ところが、戦争が激しくなるにつれて建設資材が不足し、樺太の鉄道を建設するために、札沼線のレールを剥がすこととなりました。1943年（昭和18年）10月には石狩月形〜石狩追分間、1944年（昭和19年）7月には石狩当別〜石狩月形間、石狩追分〜石狩沼田間が撤去され、鉄道省営自動車が代走しました。

　終戦後、1946年（昭和21年）12月に石狩当別〜浦臼間が復旧するものの、相変わらず資材不足が続き、再び全線が開通するまで、さらに10年もの歳月を要しました。

　1956年（昭和31年）11月16日の札沼線2度目の全通は、沿線住民待望の一大行事で、折からの吹雪の中を小中学生の旗行列と自衛隊の演奏に合わせた街頭行進に出迎えられたといいます。

　ディーゼルカーが導入され、小さな乗降場がいくつも設置されるものの、1960年代に入ると周辺の道路改良とともに、自動車が普及し、全国的に赤字ローカル線問題が浮上。北海道からも15線区が廃止予定線として取り上げられました。

　1971年（昭和46年）春、札沼線の新十津川〜石狩沼田間もその議論の対象線区に選ばれ、並行して走る国鉄バスの増発による条件で廃止に合意。1972年（昭和47年）6月18日「札沼線ご利用のみなさん、長らくご愛顧ありがとうございました」とお別れ列車が走ることとなりました。

　その後、田園区間を貫く廃線跡は田畑に姿を変え、痕跡を探すことは極めて困難になりましたが、水道橋に役割を変えた徳富川のガーダー橋、農業倉庫とともに残る雨竜駅跡の腕木式信号機、碧水〜石狩沼田の水田の中にポツンと見えるコンクリート橋や暗渠などに、今でもかろうじて面影を見つけることができます。

　それから48年。2020年（令和2年）、再び新十津川駅にお別れ列車の発車時刻がやって来ました。昭和初期の開通時の喜びも、戦後復旧された時の感激も、歴史の彼方に流されつつありますが、これもひとつの札沼線の記憶として、誌面に刻んでおくことにしましょうか。

センチメンタル・トレイン

　我が家は月形町の南のはずれ、当別町との境界にあり、敷地の真ん中を札沼線が800メートルにわたって走っています。幼い頃、祖母から線路ができた当時のことを聞かされていました。満足な食事も与えられずに工事に従事した「たこ部屋」労働者を労って、牛乳をふるまってあげたこと。開通した時、地域を挙げて祝ったこと。大雪で蒸気機関車が立ち往生したこと・・・。物心ついた頃から思い出のシーンには、必ず札沼線がありました。

　うちの敷地には我が家専用の「季節踏切」がありました。毎日のようにそれを渡って遊びに行く子供たちを心配して、これまた毎日のように「汽車に轢かれるな！」と注意する父母。（実際に隣の家では轢かれて亡くなった方がいたと聞きました）危険と隣り合わせの線路ですが、子供たちにとっては魅力的なエリアでもありました。様々な色の石を拾い集めたり、蒸気機関車が放つ煙の匂いを嗅いだり・・・。黄色いトロッコに乗る保線作業員は僕らのあこがれ、手を振ると必ず振り返してくれた列車の運転士は、僕らのヒーローでした。

　年末になると、札沼線に乗って、家族で札幌に買い物に出かけました。桑園を過ぎると都会の匂いがしてワクワクしたものです。故郷が札沼線で都会と繋がっていることを誇らしく思っていました。中学生になり、汽車通学が始まりました。高校を卒業するまで6年間、多感な時代の甘酸っぱい思い出も、ほろ苦い思い出も、いつも札沼線とともにありました。予備校時代に桑園の踏切で見るオレンジ色の列車は「故郷行き」。忘れようとしていた里心が、この時ばかりはむくむくと起き上がるのでした。

　平成の時代になり、家族とともにUターンした時、車両の色が変わって1両編成になったけれども、変わらずに走っていた札沼線に迎えられて、少し安心したのも、まるで昨日の出来事のようです。あたりまえのように、いつも背景にあった札沼線。今になって初めて、「大切な何か」を喪失しようとしているのだと気が付きました。

　とっくにセンチメンタルだけでは生きられなくなった世の中を、愛おしい空気を乗せて、昔と変わらずに走り続けてくれた札沼線。

　どっぷりと感傷に浸っていることは承知で、あらためて言おう。

　「ありがとう！札沼線」

文：楠 順一

本日は、ご乗車ありがとうございました。お忘れ物にご注意ください。

Photo：札沼線車内　Iku

Photo：札沼線車内　Iku

Photo：札沼線車内　Iku

Photo：石狩金沢 - 本中小屋　Tomo

Photo：札沼線車内　Iku

Photo：札沼線車内　Iku

Photo：札沼線車内　Iku

Photo：札沼線車内　Iku